Muévete
Get Up and Go

por/by Amanda Doering Tourville   ilustrado por/illustrated by Ronnie Rooney

Un agradecimiento especial a nuestros asesores por su experiencia/
Special thanks to our advisers for their expertise:

Nora L. Howley,
M.A. Consultora de Salud Escolar/M.A., School Health Consultant
Silver Spring, Maryland

Terry Flaherty, PhD, Profesor de Inglés/Professor of English
Universidad del Estado de Minnesota, Mankato/Minnesota State University, Mankato

PICTURE WINDOW BOOKS
a capstone imprint

Editor: Christianne Jones
Translation Services: Strictly Spanish
Designer: Tracy Davies
Bilingual Book Designer: Eric Manske
Production Specialist: Sarah Bennett
Art Director: Nathan Gassman
The illustrations in this book were created with
ink and watercolor.

Picture Window Books
151 Good Counsel Drive
P.O. Box 669
Mankato, MN 56002-0669
877-845-8392
www.capstonepub.com

All books published by Picture Window Books
are manufactured with paper containing at least
10 percent post-consumer waste.

Library of Congress Cataloging-in-Publication Data
Tourville, Amanda Doering, 1980–
  [Get up and go. Spanish and English]
  Muévete / por Amanda Doering Tourville ; ilustrado por Ronnie
Rooney = Get up and go / by Amanda Doering Tourville; illustrated
by Ronnie Rooney.
       p. cm.—(Picture window Bilingüe, bilingual)
(Cómo mantenernos saludables = how to be healthy)
  Includes index.
  Summary: "Simple text and bright illustrations describe ways to
exercise to stay healthy and strong—in both
English and Spanish"—Provided by publisher.
  ISBN 978-1-4048-6893-9 (library binding)
  1. Exercise for children—Juvenile literature. 2. Physical fitness—Juvenile
literature. I. Rooney, Ronnie, ill. II. Title: Get up and go.
  RJ133.T68 2012
  613.7'042—dc22
                                              2011000816

Printed in the United States of America in North Mankato, Minnesota.
032011   006110CGF11

Being active keeps your body and mind healthy. Exercise helps build strong muscles and bones. Being active is fun, and it makes you feel good. There are many ways to be active.

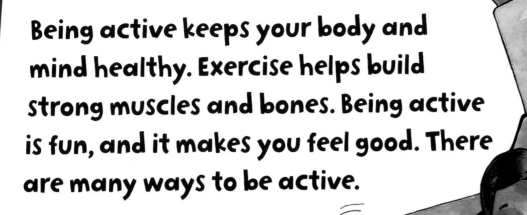

Al estar activo, tu cuerpo y tu mente se mantienen saludables. El ejercicio te ayuda a fortalecer los músculos y huesos. Estar activo es divertido y te hace sentir bien. Hay muchas maneras de estar activo.

Juana and Maria walk to school instead of getting a ride. They enjoy the fresh air and exercise.

Juana y María caminan a la escuela en lugar de ir en auto. Ellas disfrutan del aire fresco y del ejercicio.

5

At recess, Juana and her friends jump rope.

En el receso, Juana y sus amigos saltan la cuerda.

Maria and her friends climb on the playground equipment.

María y sus amigos se trepan a los juegos del patio de juegos.

6

Sometimes they all play kickball.

Algunas veces, todos juegan a patear la pelota.

Playing is being active. Have fun being active with your friends.

Jugar es estar activo. Diviértete mientras estás activo con tus amigos.

7

Maria's favorite class is physical education. She always joins in. Today, her class is playing softball.

La clase favorita de María es educación física. Ella siempre participa. Hoy, sus compañeros están jugando softbol.

After school, Juana goes to basketball practice.
Juana stretches her muscles before she plays.

Después de la escuela, Juana va a practicar
baloncesto. Juana estira sus músculos antes de jugar.

She jogs around the gym to warm up.

Ella trota alrededor del gimnasio como calentamiento.

Always stretch your muscles and warm up before exercising. Warm, loose muscles work better than cold, tight muscles.

Siempre estira tus músculos y caliéntalos antes de hacer ejercicio. Los músculos calientes y relajados trabajan mejor que los que están fríos y tensos.

11

Maria and Juana walk home together.

María y Juana caminan juntas a casa.

12

Instead of waiting for the elevator in their apartment building, they take the stairs.

En lugar de esperar el elevador de su edificio, ellas suben las escaleras.

Even small things help you stay active. Dance to your favorite song or help clean the house.

Hasta las pequeñas cosas te ayudan a estar activo. Baila al ritmo de tu canción favorita o ayuda a limpiar la casa.

13

The family needs milk for dinner.
Juana and her mom ride their bikes
to the store.

La familia necesita leche para
la cena. Juana y su mamá van
en sus bicicletas a la tienda.

After dinner, Maria and her dad take
the dog for a walk.

Después de cenar, María y su papá
llevan a pasear al perro.

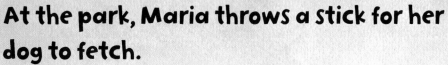

At the park, Maria throws a stick for her dog to fetch.

Pets can help you be active. Play with your pet every day.

Las mascotas te pueden ayudar a estar activo. Juega con tu mascota todos los días.

En el parque, María lanza una rama para que su perro la busque.

17

On Saturdays, Maria takes gymnastic lessons. She cartwheels across the mat.

María toma clases de gimnasia los sábados. Ella da volteretas en la colchoneta.

She balances on the beam.

Ella se balancea en la viga de equilibrio.

Kids should be active at least one hour every day.

Los niños deben estar activos al menos una hora cada día.

In the summer, the family goes swimming.
Juana and Maria race across the pool.

En el verano, la familia va a nadar.
Juana y María compiten para cruzar la alberca.

They jump off the diving board.

Ellas saltan desde el trampolín.

In the winter, Juana and Maria put on their warmest clothes. They go outside and build a snow fort.

Juana and Maria have fun and stay active all year.

En el invierno, Juana y María se ponen su ropa más abrigadora. Ellas salen de la casa para construir un fuerte de nieve.

Juana y María se divierten y se mantienen activas todo el año.

As long as you dress right, you can be active in any weather.

Mientras te vistas adecuadamente, puedes estar activo en cualquier tiempo.

Internet Sites

FactHound offers a safe, fun way to find Internet sites related to this book. All of the sites on FactHound have been researched by our staff.

Here's all you do:

Visit *www.facthound.com*

Type in this code: 9781404868939

Super-cool stuff! Check out projects, games and lots more at **www.capstonekids.com**

Sitios de Internet

FactHound brinda una forma segura y divertida de encontrar sitios de Internet relacionados con este libro. Todos los sitios en FactHound han sido investigados por nuestro personal.

Esto es todo lo que tienes que hacer:

Visita *www.facthound.com*

Ingresa este código: 9781404868939

¡Algo súper divertido! Hay proyectos, juegos y mucho más en **www.capstonekids.com**